BEI GRIN MACHT SICH IHR WISSEN BEZAHLT

AF167954

- Wir veröffentlichen Ihre Hausarbeit,
  Bachelor- und Masterarbeit

- Ihr eigenes eBook und Buch -
  weltweit in allen wichtigen Shops

- Verdienen Sie an jedem Verkauf

Jetzt bei www.GRIN.com hochladen
und kostenlos publizieren

Bibliografische Information der Deutschen Nationalbibliothek:

Die Deutsche Bibliothek verzeichnet diese Publikation in der Deutschen National-bibliografie; detaillierte bibliografische Daten sind im Internet über http://dnb.d-nb.de/ abrufbar.

Dieses Werk sowie alle darin enthaltenen einzelnen Beiträge und Abbildungen sind urheberrechtlich geschützt. Jede Verwertung, die nicht ausdrücklich vom Urheberrechtsschutz zugelassen ist, bedarf der vorherigen Zustimmung des Verlages. Das gilt insbesondere für Vervielfältigungen, Bearbeitungen, Übersetzungen, Mikroverfilmungen, Auswertungen durch Datenbanken und für die Einspeicherung und Verarbeitung in elektronische Systeme. Alle Rechte, auch die des auszugsweisen Nachdrucks, der fotomechanischen Wiedergabe (einschließlich Mikrokopie) sowie der Auswertung durch Datenbanken oder ähnliche Einrichtungen, vorbehalten.

Impressum:

Copyright © 2019 GRIN Verlag
Druck und Bindung: Books on Demand GmbH, Norderstedt Germany
ISBN: 9783346188229

Dieses Buch bei GRIN:

https://www.grin.com/document/882606

Sinan Yildiz

Welche Grundlagen sind notwendig für eine Herausbildung einer Schriftsprache?

Schriftspracherwerb im DaZ-Unterricht

GRIN Verlag

GRIN - Your knowledge has value

Der GRIN Verlag publiziert seit 1998 wissenschaftliche Arbeiten von Studenten, Hochschullehrern und anderen Akademikern als eBook und gedrucktes Buch. Die Verlagswebsite www.grin.com ist die ideale Plattform zur Veröffentlichung von Hausarbeiten, Abschlussarbeiten, wissenschaftlichen Aufsätzen, Dissertationen und Fachbüchern.

Geistes- und Kulturwissenschaften
Germanistik

Schriftspracherwerb im DaZ-Unterricht

Welche Grundlagen sind notwendig für eine Herausbildung einer Schriftsprache?

Sinan Yildiz

Inhaltsverzeichnis

1. Einleitung

Die im Rahmen des Seminars „DaZ untrrichten – Wie macht man das?", bei Carola Schäfer, verfasste wissenschaftliche Hausarbeit mit dem Titel „Schriftspracherwerb im DaZ-Unterricht – Welche Grundlagen sind notwendig für eine Herausbildung einer Schriftsprache?" soll einen Überblick darüber geben wie wichtig Schriftspracherwerb ist und wie dieser Prozess bestenfalls abzulaufen hat sowie worauf geachtet werden sollte.

Deutsch als Zweitsprache ist in den letzten Jahren verstärkt in den Fokus der Schulen gerückt, da immer mehr Schülerinnen und Schüler aus Kriegsgebieten, wie beispielsweise Syrien und Afghanistan sowie aus europäischen Ländern, wie Bulgarien und Rumänien nach Deutschland eingewandert sind. Diese Lernenden sollen nicht nur in der mündlichen Kommunikation gestärkt werden, sondern auch in der Schriftsprache, welche im schulischen Kontext eine besondere Rolle spielt.

In dieser Arbeit soll zunächst versucht werden den Begriff Zweitsprache bzw. Zweitspracherwerb im weiten sowie engen Sinne zu definieren. Ferner soll der Begriff Alphabetisierung bestimmt werden, der ebenso eine wichtige Rolle spielt, da viele Schülerinnen und Schüler aus den zuvor genannten Ländern oft in anderen Schreibweisen, wie dem Arabischen oder Kyrillischen, vertraut sind, jedoch das lateinische Alphabet nicht beherrschen. Im weiteren Verlauf der Arbeit soll dann der Schriftspracherwerb genauer betrachtet werden. Zunächst soll eine der kognitiven Grundlagen des Schriftspracherwerbs näher erläutert werden, hier die phonologische Bewusstheit, da Schriftsprache eine besondere Wirkung auf schulische Leistungen hat. Ferner werden in dieser wissenschaftlichen Hausarbeit die drei verschiedenen Entwicklungsstufen des Schriftspracherwerbs, die aufeinander aufbauen, näher betrachtet. Im nächsten Punkt sollen die Begriffe konzeptionelle Mündlichkeit und Schriftlichkeit voneinander unterschieden werden. Abschließend sollen didaktische und methodische Überlegungen angeführt werden. Hierbei sollen zunächst didaktische Überlegungen und Prinzipien dargestellt werden, die im nächsten Punkt von den methodischen Überlegungen ergänzt werden sollen. Es werden drei Beispielmethoden ausführlicher beschrieben. Bei diesen drei Methoden handelt es sich um den Schrifterfahrungsansatz, die Ganz-Satz und Ganz-Wort-Methode sowie die Lesen durch Schreiben Methode nach Reichen. Letztlich werden verschiedene

Umsetzungsmöglichkeiten dieser Methoden vorgestellt, wobei sich Auszüge aus den Lehrwerken bzw. Leitfadenheften im Anhang finden.

2. Zweitsprache/Zweitspracherwerb - Begriffsbestimmung

In diesem Teil der wissenschaftlichen Hausarbeit soll versucht werden den Begriff Zweitsprache bzw. Zweitspracherwerb zu definieren.

Der Begriff Zweitsprache wird meist als Oberbegriff für verschiedene Formen des Erwerbs einer Sprache verstanden, welcher temporär versetzt zum Erstspracherwerb verläuft (Vgl. Ahrenholz 2017, S. 7). Zweitsprache ist laut Duden die „Sprache, die ein Mensch zusätzlich zur Muttersprache, jedoch zu einem späteren Zeitpunkt erlernt, weil er sie zur Teilnahme am sozialen, ökonomischen, politischen und kulturellen Leben benötigt" (Duden).

Im weiteren Sinne werden mit Zweitsprache, wie es die Definition des Duden schon hergibt, alle Sprachen gekennzeichnet, die man sich nach der Erstsprache aneignet (Vgl. Siebert-Ott 2010, S.366). Es handelt sich laut Siebert-Ott um „den sukzessiven Erwerb von Sprache nach der Erstsprache" (ebd., S.368). Im Gegensatz zur Fremdsprache wird die Zweitsprache im engeren Sinn meist im Zusammenhang von Migration angeeignet und verwendet. Sie ist somit für die Spracherwerber im alltäglichen Leben von Bedeutung (Vgl. ebd.) und kann überdies zur überwiegenden Sprache für den Sprecher werden (Vgl. Ahrenholz 2017, S. 7). Der Erwerb und die Aneignung finden in alltäglichen Lebenssituationen statt (Vgl. ebd.). Bei Kindern und Jugendlichen, die einen Migrationshintergrund haben, ist dies der Fall, da Deutsch im Alltag notwendig ist, um beispielsweise mit Mitschülern zu kommunizieren (Vgl. ebd.). Hierbei spricht man von einer ungesteuerten Aneignung der Zweitsprache (Vgl. Siebert-Ott 2010, S. 368). Deutsch als Zweitsprache ist zudem unumgänglich, da es die Sprache des Landes ist, in dem man lebt. So zeigt sich die Unverzichtbarkeit insbesondere bei Migrantenkindern, die in ihren familiären Umfeldern häufig ihre Muttersprache, jedoch nicht oder sehr selten die Sprache des „Gastlandes" sprechen (Vgl. educalingo). Nach Hoffmann und Weis gilt Mehrsprachigkeit weltweit nicht mehr als Ausnahme, sondern als Regel, wohingegen in der Bundesrepublik weiterhin an der Behauptung festgehalten wird, dass es ein einsprachiges Land sei (Vgl. Hoffmann/Weis 2011, S.11).

Ein weiteres Problem ist hierbei, dass viele Herkunftssprachen bzw. Zweitsprachen, wie beispielsweise das Türkische oder Arabische, einen gesellschaftlich schlechten Ruf haben, weshalb Mehrsprachigkeit oft als Problem wahrgenommen wird und nicht als Möglichkeit oder Bereicherung (Vgl. ebd.).

Ein Zweitspracherwerbsprozess, der im jungen Alter zwischen drei bis sechs Jahren stattfindet, ist dadurch gekennzeichnet, dass er Ähnlichkeiten zum Erstspracherwerb aufweist (Vgl. Siebert-Ott 2010, S. 368). Jedoch nehmen die Differenzen ab diesem Alter, hinsichtlich der Entwicklungsgeschwindigkeit und des Entwicklungserfolgs sowie der Sprachverarbeitung, deutlich zu (Vgl. ebd.). Ursachen hierfür sind unter anderem, um ein Beispiel anzuführen, der entwicklungspsychologische Reifungsprozess (Vgl. ebd.).

Letztlich kann Zweitspracherwerb auch gesteuert stattfinden, beispielsweise im Rahmen des Unterrichts, wo gezielt das Deutschlernen gefördert wird (Vgl. ebd.).

Der Frage welche Herausforderungen und Schwierigkeiten es beim gezielten Deutschlernen gibt, soll in den folgenden Kapiteln am Beispiel der Alphabetisierung und des Schriftspracherwerbs nachgegangen werden.

3. Alphabetisierung -Begriffsbestimmung

Schülerinnen und Schüler, die oftmals mit sehr wenigen Kenntnissen oder ohne jegliche Sprachkenntnisse des Deutschen in die Schule kommen, sind in der Regel alphabetisiert, da sie in ihren Herkunftsländern die Schule besucht haben (Vgl. Cornelsen). Dieser Schulbesuch sollte ihnen auch im deutschen Schulsystem behilflich sein, da sie „den Schritt zur Abstraktion mittels Schrift schon vollzogen" (ebd.) haben. Ferner kann „das Schreiben [...] zur Unterstützung des Sprachlernens genutzt werden" (ebd.). Einige Schülerinnen und Schüler müssen überdies noch in der lateinischen Schrift alphabetisiert werden, da sie in ihren Herkunftsländern, beispielsweise, nur die arabische oder kyrillische Schreibweise erlernt haben (Vgl. ebd.). Hier ist hervorzuheben, dass es spezielle Gruppen gibt, die verschiedene Lernziele haben. Schulte-Bunert nennt dabei sechs unterschiedliche Gruppen, von denen man ausgehen kann. Zum einen gibt es Schülerinnen und Schüler, die in ihrem Leben noch gar nicht alphabetisiert wurden sind und die allgemeinen Eigenschaften von Schrift kennenlernen müssen. Ferner gibt es eine Gruppe von Lernenden die in der lateinischen Schrift alphabetisiert wurden, beispielsweise Zugewanderte aus Polen oder der Türkei, die jedoch die aus ihrer Erstsprache bekannten Graphem-Phonem-Korrespondenz neu zuordnen und erweitern müssen (Vgl. Schulte-Bunert 2014). Eine weitere Gruppe besteht aus Schülerinnen und Schülern, die, wie zuvor schon erwähnt, in der arabischen und kyrillischen Schrift alphabetisiert wurden. Lernende, die in der kyrillischen Schrift alphabetisiert wurden sind müssen das lateinische Alphabet im Ganzen erlernen und kennenlernen. Im Gegensatz dazu müssen Schülerinnen und Schüler, die in der arabischen Schrift, einer überwiegend konsonantenreichen Schrift, alphabetisiert wurden sind eine neue Buchstabenschrift kennenlernen, in der ebenso Vokale obligatorisch sind (Vgl. ebd.). Die letzten beiden Gruppen, die Schulte-Bunert unterscheidet sind Lernende, die in einer anderen Buchstaben- bzw. Zeichen- und Wortschrift alphabetisiert wurden. Eine andere Buchstabenschrift ist beispielsweise das Thailändische. Lernende müssen hier, wie kyrillisch alphabetisierte Schülerinnen und Schüler das lateinische Alphabet kennenlernen. Letztlich müssen die Lernenden, die beispielsweise mit der chinesischen Zeichen- und Wortschrift alphabetisiert wurden, eine neue Buchstabenschrift mit spezieller Graphem-Phonem-Korrespondenz kennenlernen (Vgl. ebd.).

4. Schriftspracherwerb

Die Bezeichnung „Schriftspracherwerb" wurde in den 1970er Jahren eingeführt und bezeichnet die Verschmelzung der Erwerbsprozesse im Lesen und Schreiben. Es wird hierbei ebenso davon ausgegangen, dass die diversen Bereiche des Deutschunterrichts angemessen didaktisch verbunden sind (Vgl. Schründer-Lenzen 2013, S. 12).

Der Rheinland-Pfälzische Bildungsserver definiert Schriftspracherwerb als einen Entwicklungs- und Lernprozess, „der bereits lange vor der Einschulung beginnt und der in zeitlich und qualitativ unterschiedlichen Stufen verläuft" (Bildungsserver RLP). Der Prozess des Schreibens und Lesens soll dabei ebenso selbstverständlich wie das Sprechen gelernt werden, zum Beispiel durch soziale Interaktionen (Vgl. ebd.). Als Voraussetzung sind dafür die „phonologische Bewusstheit und die Einsicht in das alphabetische Prinzip der Sprache [von besonderer Bedeutung]" (ebd.).

4.1. Verstandesmäßige Grundlagen des Schriftspracherwerbs

Es ist unbestritten, dass die Schriftsprache eine außerordentliche Wirkung auf die schulische Entwicklung hat (Vgl. Schneider 2017, S.15). Hier spielt vor allem die Kompetenz des Lesens eine besondere Rolle, da sie schulischen Erfolg in fast jedem Schulfach beeinflusst und nicht nur in der Note im Fach Deutsch deutlich wird (Vgl. ebd.). Schneider beschreibt die Situation wie folgt: „Wer nicht flüssig und sinnentnehmend lesen kann, tut sich auch damit schwer, Anweisungen für die Arbeit in naturwissenschaftlichen Bereichen zu verstehen und Textaufgaben im Fach Mathematik angemessen zu bearbeiten" (ebd.).

Nach Steinbrink und Lachmann handelt es sich bei Schriftsprache, um eine vielseitige Kulturtechnik, für die „keine genetisch bedingten spezifischen Strukturen und Funktionen im menschlichen Gehirn [existieren]" (Steinbrink/Lachmann 2014, S. 18). Ihnen zufolge müssen Unmengen von lange bestehenden kognitiven Funktionen aufgetrieben, umgeformt, über einen längeren Prozess des Lernens aufeinander abgestimmt, und automatisiert werden (Vgl. ebd.). Grundsätzlich sind Lernende am Anfang des Schriftspracherwerbs schon fortgeschritten in der sprachlichen Ausbildung, was jedoch bis in die 1970er Jahre unterschätzt wurde (Vgl. ebd.). „Heute ist die herausragende Rolle der phonologischen Informationsverarbeitung für den Schriftspracherwerb unbestritten [...]" (ebd.).

Um den Rahmen dieser Arbeit nicht zu sprengen, wird hier nur auf die phonologische Bewusstheit eingegangen.

4.1.1. Phonologische Bewusstheit

Wolfgang Schneider definiert die phonologische Bewusstheit als eine „Fähigkeit zur Erkennung der Lautstruktur der gesprochenen Sprache" (Schneider 2017, S. 36). Eine andere weitere Begriffsbestimmung geben Steinbrink und Lachmann, denen zufolge mit phonologischer Bewusstheit die Fähigkeit gemeint ist, „von der Bedeutungsebene der gesprochenen Sprache abzusehen und stattdessen ihre formalen lautlichen Aspekte zu betrachten" (Steinbrink/Lachmann 2014, S. 19f). Die phonologische Bewusstheit wird insofern deutlich, dass lautliche Einheiten in der Sprechsprache wissentlich erkannt sowie verfälscht werden können (Vgl. ebd., S. 20). „Der Erwerb der phonologischen Bewusstheit beginnt in der Regel spontan in der Kindergartenzeit. [...] Formaler ausgedrückt verfügen Kinder über phonologische Bewusstheit, wenn sie

Wörter in lautliche Einheiten zerlegen (**Analyse**) oder lautliche Einheiten zu Wörtern zusammensetzen können (**Synthese**)" (ebd.).

Man unterscheidet zwei Arten der phonologischen Bewusstheit. Einerseits die phonologische Bewusstheit im weiteren Sinne, womit gemeint ist, dass Lernende in der Lage sind größere Einheiten in der Sprechsprache zu differenzieren (Vgl. Schneider 2017, S.36). Als Beispiele werden das Erkennen von Reimen, die Unterscheidung von vollständigen und unvollständigen Sätzen oder die Untergliederung von Wörtern in Silben angeführt (Vgl. ebd.). Diese Ausprägung der phonologischen Bewusstheit ist zum Teil erst ansatzweise vorhanden (Vgl. ebd.). Andererseits bezeichnet phonologische Bewusstheit im engeren Sinne „die Kompetenz, innerhalb von Wörtern einzelne Laute zu erkennen" (ebd.). In der Regel wird die Bewusstheit im engeren Sinne erst ab der ersten Klasse angeeignet (Vgl. ebd.). Hierbei wird die phonologische Bewusstheit von Leseanfängern benötigt, „um Grapheme in Phoneme umzucodieren und die Phoneme dann zu einem Wort zusammenzusetzen" (Steinbrink/Lachmann 2014, S. 20). Für den Beginn des Schreibprozesses ist die phonologische Bewusstheit ebenso wichtig, da sie „die Zerlegung von gesprochenen Wörtern in ihre Phoneme und die anschließende Umwandlung dieser Phoneme in die dazugehörigen Grapheme [ermöglicht]" (ebd.). Eine Fülle an Studien konnte belegen, dass spätere Lesefähigkeiten bzw. Rechtschreibfähigkeiten durch die phonologische Bewusstheit vorhergesagt werden kann (Vgl. ebd.).

4.2.   Entwicklungsstufen des Schriftspracherwerbs

Im folgenden Kapitel soll auf die drei verschiedenen Entwicklungsstufen des Schriftspracherwerbs eingegangen werden. Hierbei wird versucht die drei aufeinander aufbauenden Stufen näher zu erläutern, beginnend mit der logographischen, auf die die alphabetische folgt und abschließend die orthographische Stufe.

4.2.1. Logographisch

Die logographische Stufe, ist die erste Stufe der Entwicklungsstufen des Schriftspracherwerbs. Hier können Lernende, vor allem Kinder, Wörter, die in ihrer näheren Umgebung häufig präsent sind wiedererkennen und schreiben (Vgl. Seidl/Rauscher/Himmelreich 2018, S. 11). Es handelt sich dabei oft um Symbole oder Logos von bestimmten Firmen, wie beispielsweise Coca-Cola, Supermärkte oder aber

Fast-Food-Restaurants (Vgl. Schründer-Lenzen 2013, S. 67) sowie den eigenen Namen (Seidl/Rauscher/Himmelreich 2018, S.11). Die Lernenden erkennen bestimmte Wortgebilde und können somit das Wort richtig „lesen", dabei ist eine Kenntnis der Buchstaben nicht notwendig (Vgl. Schründer-Lenzen 2013, S. 67). Es wird hierbei versucht eine Relation herzustellen, die jedoch nicht schriftzeichenorientiert zwischen dem Buchstaben und seiner Bedeutung ist (Vgl. ebd.). Auf dieser Entwicklungsstufe haben Schriftzeichen oftmals einen Signalcharakter für die Erkennung von Worten und werden von den Lernenden nicht in ihrem Lautcharakter dechiffriert (Vgl. ebd.). In dieser Phase der Entwicklung kommt es häufig zu einer falschen Reihenfolge der Buchstaben (Vgl. Seidl/Rauscher/Himmelreich 2018, S. 11).

4.2.2. Alphabetisch

In der zweiten Entwicklungsstufe, der alphabetischen Stufe, wird Lernenden bewusst, „dass Worte aus einer festgelegten Abfolge von Lauten bestehen und Laute durch Buchstaben repräsentiert werden" (ebd.). Es handelt sich dabei um einen qualitativ neuen Schritt der Entwicklung, „in der die Einsicht in das phonetisch-phonologische Prinzip der Verschriftung von Sprache gewonnen wird (Schründer-Lenzen 2013, S. 69), was bedeutet, dass Kinder die Wörter nicht mehr als ein Firmenzeichen wahrnehmen, sondern als eine Aneinanderreihung einzelner Schriftzeichen (Vgl. ebd.). Als eine wichtige Voraussetzung für die Umsetzung der Graphem-Phonem-Korrespondenz sowie Phonem-Graphem-Korrespondenz in der Verschriftung geben Seidl, Rauscher und Himmelreich die phonetische Bewusstheit an (Vgl Seidl/Rauscher/Himmelreich 2018, S. 11). Ihnen zufolge kann ein Lernender „Lautfolgen lautgetreu umsetzen" (ebd.). Dies bedeutet, dass Kinder weitgehend in der Lage sind lautgetreue Wörter zu lesen und lautorientiert zu schreiben (Vgl. Schründer-Lenzen 2013, S. 70). In der alphabetischen Entwicklungsstufe kann es zudem zu abweichenden Schreibungen kommen, da bei jedem Versuch des Schreibens das Wort unterschiedlich betont, gedehnt oder verkürzt wird und da Verschriftlichungsvarianten von Lauten noch nicht verinnerlicht sind (Vgl. Seidl/Rauscher/Himmelreich 2018, S. 11). Am Anfang ist es öfters möglich, dass Konsonantenskelette auftreten und nicht alle gehörten Laute verschriftlicht werden. Als mögliche Beispiele geben Schründer-Lenzen sowie Seidl, Rauscher und Himmelreich folgende Beispiele an: „FT für Pferd und FATA für Vater" (Schründer-Lenzen 2013, S. 68; Seidl/Rauscher/Himmelreich

2018, S.11). Diese beiden Beispiele verweisen auf Fortschritte der Entwicklung, die innerhalb der alphabetischen Stufe typisch sind. Das erste Beispiel der Verschriftung „FT für Pferd" wirkt unvollständig zu sein, wohingegen das Beispiel „FATA für Vater" eine lautgetreue Verschriftung zu sein scheint (Vgl. Schründer-Lenzen 2013, S. 69). Mit der Zeit formen sich bei den Lernenden Modelle und Gefüge der deutschen Rechtschreibung und können aufgenommen werden in die eigene Verschriftung (Vgl. Seidl/Rauscher/Himmelreich 2018, S. 11). „Auch hier geben Fehler wichtige Hinweise darauf, welche Hypothesen das Kind heranzieht und welche Muster es schon soweit verinnerlicht hat, dass sie gegebenenfalls sogar übergeneralisiert verwendet werden [...]" (ebd.). Diese Rechtschreibfehler „gelten im Konzept der Stufenmodelle nicht als Ausdruck eines Nicht-Könnens, sondern als Zeichen phasentypischer Zugriffsweisen auf Schrift" (Schründer-Lenzen 2013, S. 71). Orthographische Fehler verdeutlichen ein bestimmtes Niveau von Fähigkeiten in einer schriftsprachlich kontinuierlichen Entwicklung (Vgl. ebd.).

4.2.3. Orthographisch

In der letzten der drei Stufen werden nun die Struktur und Muster ergänzt durch die Besonderheit der deutschen Rechtschreibung, was wiederum zu einer fortschreitenden Annäherung an die Standardschreibung eines erfahrenen Schreibers führt (Vgl. Seidl/Rauscher/Himmelreich 2018, S. 11). Das Lesen der Lernenden wird in dieser Entwicklungsstufe ebenso immer besser (Vgl. Schründer-Lenzen 2013, S. 72). Dabei ist zu erwähnen, dass sich Schülerinnen und Schüler nicht mehr am einzelnen Schriftzeichen orientieren, sondern an dauernd wiederkehrenden Kombinationen von Buchstaben, wie beispielsweise Silben, Wortendungen und kurze häufige Wörter und Morpheme (Vgl. ebd.). Der Schwerpunkt im Lesen und Schreiben weitet sich, sodass Morpheme oder aber Schriftzeichenkombinationen zu einer Grundeinheit werden (Vgl. Seidl/Rauscher/Himmelreich 2018, S.11). Trotz der Tatsache, dass die alphabetische Entwicklungsstufe bei raren und neuen Wörtern im Hintergrund fungiert, und oft nicht verloren geht, verläuft das Lesen schneller und besser, da der Lernende größere Struktureinheiten eines Wortes simultan erfassen kann (Vgl. Schründer-Lenzen 2013, S. 72). Ferner sind Lernende in der Lage „durch morphologische und syntaktische Einsichten sicherer zu einer orthographisch korrekten Schreibung zu gelangen [...]" (Seidl/Rauscher/Himmelreich 2018, S. 11).

4.3. Herausbildung eines Schriftspracherwerbs

Die Sprachstile der gesprochenen und geschriebenen Sprache, die für gewisse Situationen kennzeichnend sind, differenzieren sich grundlegend (Vgl. Hoffmann/Weis 2011, S. 14). Hoffmann und Weis zufolge kann „Medial gesprochene Sprache [...] sprachliche Merkmale der geschriebenen Sprache haben [...]" (ebd.). Dies kann jedoch ebenso andersherum der Fall sein. In Sprachwissenschaften wird zwischen „konzeptioneller Mündlichkeit" und „konzeptioneller Schriftlichkeit" unterschieden, wobei einige Verfasser auch die Begriffe „Sprache der Nähe" für gesprochene Sprache sowie „Sprache der Distanz" für geschriebene Sprache verwenden (Vgl. ebd.).

Unterrichts- und Bildungssprache, im schulischen Kontext „gehören zu den sprachlichen Varietäten, die dem Bereich der „konzeptionellen Schriftlichkeit" zugeordnet werden können" (Kniffka/Siebert-Ott 2009, S.18). Diese sprachliche Varietät bereitet besonders Lernenden, die mehrsprachig sind, Schwierigkeiten, da sie wenig Erfahrung mit Text und Schriftsprache haben (Vgl. Hoffmann/Weis 2011, S. 14).

Im Folgenden soll versucht werden beide Begriffe von einander abzugrenzen.

4.3.1. Konzeptionelle Mündlich- und Schriftlichkeit

Konzeptionelle Mündlichkeit bzw. gesprochene Sprache ist im Gegensatz zu konzeptioneller Schriftlichkeit bzw. geschriebener Sprache dialogisch, wohingegen die geschriebene Sprache monologisch ist (Vgl. Kniffka/Sieber-Ott 2009, S. 18). So sind Alltagskommunikationen ein besonderes Beispiel für gesprochene Sprache (Vgl. ebd.). Im Idealfall handelt es sich dabei um face-to-face Interaktionen, in Abgrenzung zur raum-zeitlich Trennung der geschriebenen Sprache (Vgl. Hoffmann/Weis 2011, S. 15). Ein weiteres Unterscheidungsmerkmal zwischen gesprochener und geschriebener Sprache ist, dass die mündliche Konversation situationsabhängig bzw. kontextgebunden ist, was bedeutet, dass Äußerungen oftmals nur innerhalb dieser Konversation verstanden werden (Vgl. Kniffka/Siebert-Ott 2009, S.18). Diese kontextgebundene Situation ermöglicht es dem Hörer direkt einzugreifen (Vgl. Hoffmann/Weis 2011, S. 15). Schriftlichkeit ist dagegen kontextunabhängig und der Leser hat hierbei oft nicht die Möglichkeit einzugreifen (Vgl. ebd.). Hier wird ein Unterschied von Schriftlichkeit und Mündlichkeit deutlich. So unterscheidet man Hörer und Leser (Vgl. ebd.). Auch gibt es Unterschiede, die den Satzbau betreffen, so ist der Satzbau bei der Mündlichkeit oftmals weniger präzise, d.h., verkürzt, wohingegen der Satzbau in der Schriftlichkeit präzise und vollständig ist (Vgl. Kniffka/Siebert-Ott 2009, S.18). Ein weiterer wichtiger Unterschied zwischen beiden Dimensionen ist, dass in der gesprochenen Sprache viel Umgangssprache und Füllwörter genutzt werden. Dies ist in der geschriebenen Sprache nicht der Fall (Vgl. Hoffmann/Weis 2011, S. 15).

Die Differenzierung von konzeptioneller Mündlich- und Schriftlichkeit nimmt beim Erwerb einer Sprache eine außerordentliche Rolle ein (Vgl. ebd., S. 16). Der Schriftspracherwerb beinhaltet nicht nur die korrekte Schreibweise bzw. Rechtschreibung und das Lesenlernen, vielmehr soll ein Lernender „im Lauf der (Grund-)Schulzeit die konzeptionell-schriftsprachliche Varian-te seiner Muttersprache lernen/erwerben" (ebd.). Eine Person, die nur über Können in der Alltagsverständigung verfügt, den sogenannten BICS – Basic Interpersonal Communication Skills, ist nur in der Lage konzeptionell-mündliche Texte zu produzieren (Vgl. ebd.). Im Gegensatz dazu umfasst die Bildungssprache, oder auch CALP – Cognitive Academic Language Proficiency genannt, insbesondere konzeptionell-schriftsprachliche Stärken (Vgl. ebd.). „Während Erstere in einem zweisprachlichen Kontext relativ schnell erwor-ben werden, dauert die Herausbildung Letzterer mehrere Jahre" (ebd.).

Hartmut Günther zufolge kommt der Erwerb der Schriftsprache dem Erwerb einer Zweitsprache gleich (Vgl. Günther 1999).

4.4.   Didaktische und methodische Überlegungen

Da es in Hessen noch keine curricularen Vorgaben für Deutsch als Zweitsprache gibt, und diese meist schulintern herausgearbeitet werden, bezieht sich die vorliegende wissenschaftliche Hausarbeit auf die curricularen Vorgaben des Landes Niedersachsen. Bevor darauf eingegangen wird, soll jedoch zunächst einmal auf fünf Ausgangspunkte für eine Didaktik des Deutsch als Zweitsprache nach Prof. Dr. Michael Ritter von der Martin-Luther-Universität Halle-Wittenberg hingewiesen werden.

4.4.1. Didaktische Überlegungen und Prinzipien

Prof. Dr. Ritter formuliert folgende fünf Ausganspunkte für den DaZ-Unterricht:

1. Integration
2. Zweitspracherwerb zwischen Lehrgang und Alltagsinteraktion
3. Zum Verhältnis von Familien- bzw. Herkunftssprachen (L1) und Ziel- bzw. Verkehrssprache (L2)
4. Didaktische Prinzipien bei der DaZ-Förderung
5. Prozessorientierung (Vgl. Ritter, S. 6ff.).

Um den Rahmen dieser Arbeit nicht zu sprengen, wird hier lediglich auf den ersten und den vierten Punkt eingegangen.

Im ersten Punkt unterscheidet Ritter zwei Lerngruppen. Die erste Gruppe definiert er dabei als Seiteneinsteiger bzw. Neueingereiste, die noch keine Deutschkenntnisse erworben habe, wohingegen es sich bei der zweiten Lerngruppe um Schülerinnen und Schüler handelt, die bereits eine Weile in Deutschland leben. Letztere haben jedoch kaum schriftliche und mündliche Kenntnisse erlernt oder haben Schwierigkeiten beim Schriftspracherwerb (Vgl. ebd., S. 7). Als Konsequenz zieht er hieraus, dass es Aufgabe der Schule ist „basale[] Deutschkenntnisse als Voraussetzung für Teilhabe an schulischer Bildung und gesellschaftlichem Leben" (ebd., S. 8) zu vermitteln. Im vierten Punkt nennt Ritter drei Prinzipien, welche Erzählen, Zuhören und Weitererzählen sind (Vgl. ebd., S.14ff.). Ihm zufolge braucht ein „[e]rfolgreicher (Zweit-)Spracherwerb [...]:

- Gute Sprachvorbilder in hoher Intensität (Faszination, Aufmerksamkeit)
- Regelmäßigkeit und Zeit [sowie]
- Positive Beziehungen und Vertrauen" (ebd., S. 18).

Viele DaZ-Intensivklassen werden von alphabetisierten und nicht alphabetisierten Lernenden besucht, weshalb der Förderbedarf entsprechend unterschiedlich ist (Vgl. Niedersächsisches Kultusministerium 2016, S. 5). Bei Schülerinnen und Schülern, die noch keine Alphabetisierung vorweisen können, sieht das Niedersächsische Kultusministerium einen Bedarf in der generellen Einführung in den Erwerb der Schriftsprache und dem damit einhergehenden Kennenlernen der Schriftfunktion (Vgl. ebd.). Einige Kenntnisse der mündlichen Sprache sind deshalb Voraussetzung für einen gelungenen Schriftspracherwerb, weshalb bei diesen Lernenden der Erwerb erster mündlicher Deutschkenntnisse zunächst Priorität hat (Vgl. ebd., S. 6). Man sollte jedoch beachten, dass Lernende ohne genügende Schriftsprachkenntnisse überdies einen Alphabetisierungsunterricht bedürfen, für eine erfolgreiche Teilnahme am DaZ- bzw. Regelunterricht. Das Hören bzw. Hörverstehen ist eine Basiskompetenz „[...] für das lautliche Durchgliedern beim Schriftspracherwerb und schließlich für das lautgetreue Schreiben" (ebd., S. 9). Eine wesentliche Aufgabe besteht anfangs deshalb darin, „[...] DaZ-Lernende mit Übungen zur Förderung der phonologischen Bewusstheit **an die deutschen Laute und Lautfolgen zu gewöhnen"** (ebd.).

4.4.2. Methodische Überlegungen

Die für den DaZ-Unterricht gewählten Methoden sollten schülerorientiert sein und sich auf deren Lebenswelt bzw. Interessen beziehen. Ferner sollten die Unterrichtsmethoden die Lernenden weder überfordern noch unterfordern und ihr Sprachbewusstsein fördern. Da es in den Lerngruppen größere Unterschiede geben kann, sollten die Methoden auch binnendifferenziert sein und es sollte auf Lernförderungsbedarfe geachtet werden (Vgl. Schröter 2017, S. 30). Da der Umfang dieser Arbeit nicht gesprengt werden soll, wird im weiteren Verlauf nur auf drei Methoden eingegangen, die sich für den Schriftspracherwerb bzw. die Alphabetisierung anbieten. Es handelt sich dabei um die Methoden Schrifterfahrungsansatz, Ganz-Satz und Ganz-Wort-Methode sowie die Lesen durch Schreiben Methode nach Reichen.

4.4.2.1. Schrifterfahrungsansatz

Für den Schrifterfahrungsansatz ist es wichtig, dass die ausgewählten Materialien sich an der Lebenswelt der Lernenden orientieren und dass diese am Vorwissen, den Erfahrungen sowie Interessen der Schülerinnen und Schüler anknüpfen. Diese Punkte sind wichtig für einen gelungenen Lernprozess, da sie die Basis dieser Methode bilden (Vgl. Seidl/Rauscher/Himmelreich 2018, S. 28). Hierbei sind die Schrifterfahrungen der Lernenden wesentlich, wobei die Wahl der Schriftzeichen, Wörter oder Sätze, die im Unterricht behandelt werden, sich an Wörtern und Sätzen aus dem Alltag der Schülerinnen und Schüler orientieren, wie beispielsweise Straßen- und Markennamen, Namen von Lokalitäten sowie Symbole (Vgl. ebd.).

Der Vorteil dieser Methode ist, dass „der Wortschatz sowie die Buchstabenprogression [...] teilnehmerorientiert [sind]" (ebd.). Dabei ist zu beachten, dass jeder Lernende einen eigenen individuellen Wortschatz hat. Dass die Vorbereitung dieser Methode zeitaufwendig und intensiv ist, ist ein Nachteil, da Lehrerinnen und Lehrer von DaZ-Klassen individuelle Aufgabenstellungen für die Schülerinnen und Schüler erstellen müssen.

4.4.2.2. Ganz-Satz und Ganz-Wort-Methode

Die Ganz-Satz und Ganz-Wort-Methode ist sehr textbasiert und den Einsatz von „stark kontrollierte[n] und sehr kleine[n] Texte[n] voraus" (ebd. S. 27). Oft ist der Wortschatz, der verwendet wird klein und es kommt zu zahlreichen Wiederholungen, wobei Lernende sich durch das Wiederholen das Schriftbild insgesamt einprägen (Vgl. ebd.). Bei dieser Methode kommt es häufig vor, dass die DaZ-Schülerinnen und Schüler zu Beginn Wörter und Sätze auswendig lernen (Vgl. ebd.).

Der Vorteil dieser Methode ist, dass Wörter zunächst „als geschlossenes Ganzes und später als segmentierbare Einheiten wahrgenommen [werden]" (ebd.). Dies ermöglicht ein sinnentnehmendes Lesen von Beginn an sowie Möglichkeiten der Binnendifferenzierung (Vgl. ebd.). Der Nachteil dieser Methode ist, dass das Vorstellen eines Textes viele Schülerinnen und Schüler vor große Herausforderungen stellt, während der Erarbeitung eines Laut-Buchstsaben-Inventars (Vgl. ebd.). Ein sicheres Gefühl kriegen die Lernenden durch ständiges Wiederholen des Gelernten und stets wiederkehrenden Übungen derselben Art (Vgl. ebd.).

4.4.2.3. Lesen durch Schreiben (nach Reichen)

Die Lesen durch Schreiben Methode nach Reichen geht einen umgekehrten Weg, da sie nicht wie bei üblichen Alphabetisierungsmethoden die Vermittlung der einzelnen Schriftzeichen und Laute in Bezug auf das phasenweise Lesen lernen bevorzugt (Vgl ebd., S.25). Hier steht das Schreiben am Anfang des Prozesses, wobei als zentrales Hilfsmittel die Anlauttabelle bzw. -haus dient. Es hilft den Lernenden bei der korrekten Zuordnung von Graphemen und Phonemen. Durch das häufige Wiederholen des Schreibens, entwickelt sich das Lesen (Vgl. ebd.). Der Vorteil der Lesen durch Schreiben Methode besteht darin, dass die Arbeit mit der Anlauttabelle es den Lernenden ermöglicht, eigene Gedanken und Ideen zu verschriftlichen. Dabei wird die Ausbildung der Buchstabenkenntnisse nach der Notwendigkeit der Schülerinnen und Schüler ausgerichtet (Vgl. ebd.). Ein weiterer Vorteil, der von Bedeutung ist, dass „Lernstrategien, logisches Denken sowie autonomes Lernen" (ebd.) im Vordergrund stehen. Es wird jedoch ein Nachteil darin gesehen, dass eine Arbeit mit der Anlauttabelle nicht ohne mündliche Kenntnisse der Zielsprache Deutsch erfolgen kann. Es ist deshalb wichtig, dass ein mündlicher Vorkurs besucht wurde, bevor man mit dieser Methode arbeitet (Vgl. ebd.). Zudem ist die „Entschlüsselung von Zeichen relevanter [...] als das Schreiben von Mitteilungen" (ebd.).

4.5. Verschiedene Umsetzungsmöglichkeiten

Im Folgenden werden ausgewählte Materialien aus Arbeitsbüchern bzw. Einführungswerken für die Verdeutlichung von den verschiedenen Umsetzungsmöglichkeiten aufgezeigt. Die Auszüge dafür sind im Anhang zu finden. In der ersten Methode, dem Schrifterfahrungsansatz, wird deutlich, wie man Bildern oder Symbolen und dergleichen arbeiten kann. Hier kann man beispielsweise mit den Schülerinnen und Schülern gemeinsam durch die Schule gehen und bestimmte Wörter, wie „Lehrerzimmer, Sanitätsdienst, Sekretariat oder Toilette" und viele mehr fotografieren. Im nächsten Schritt könnte man die Lernenden fragen, wie sie in ihre Klasse finden, ob sie eventuell einen bestimmten Weg gehen, wenn sie in der Schule sind. Diese Methode eignet sich gut, da Schülerinnen und Schüler so einen ersten Überblick über die verschiedenen Symbole und Schilder kriegen.

Die zweite Methode, Ganz-Satz und Ganz-Wort Methode, lässt sich gut für die anfängliche Textarbeit anwenden. Die Lehrperson kann dabei verschiedenen Begrüßungsformeln anwenden, wie beispielsweise, „Hallo, Guten Tag, Guten Morgen, Hey, Hi" und schreibt diese im nächsten Schritt an die Tafel. Im weiteren Verlauf können die Schülerinnen und Schüler diesen Dialog in Partnerarbeit üben oder aber, man liest es gemeinsam im Plenum. Wichtig ist, dass man hier mehrmals denselben Wortschatz anwendet, sodass die Lernenden sich sicher fühlen.

In der dritten und letzten Methode geht es darum, dass den Lernenden schnell ein Inventar an Lauten und Buchstaben bereitgestellt wird. Dabei soll es den Schülerinnen und Schülern ermöglicht werden, ihren Wortschatz lautgetreu aufschreiben zu können. Das Arbeiten mit der Anlauttabelle ist bei dieser Methode vorteilhaft, wird jedoch nur in der anfänglichen Alphabetisierungsphase präsentiert. Im weiteren Verlauf kann man die Lernenden auffordern, das zu schreiben, was ihnen in den Sinn kommt. Eine weitere Möglichkeit bietet sich ebenso durch das Erstellen eines Anlauthauses. Die Lehrperson kann dabei ein leeres Anlauthaus verteilen und es mit den Schülerinnen und Schülern gemeinsam zusammenstellen. Es ist des Weiteren von Vorteil, wenn die Lernenden ermuntert werden auch Wörter aus ihren Herkunftssprachen mit lateinischen Buchstaben schreiben. So kann eine Sensibilisierung für das deutsche Alphabet bzw. Lautinventar geschaffen werden.

5. Fazit

Für eine erfolgreiche Bildung spielt Sprache eine herausragende Rolle. Um zugewanderten Kindern mit einer anderen Herkunftssprache eine erfolgreiche Bildung zu gewährleisten, ist es wichtig ihnen den Erwerb der Zweitsprache zu ermöglichen. Die zugewanderten Lernenden kommen oft mit verschiedenen Voraussetzungen in die Schulen und müssen differenziert gefördert werden. Das Erlernen der Zweitsprache ist besonders wichtig, da im Verlauf der Förderkurse bzw. Intensivklassen versucht wird, die Schülerinnen und Schüler in Regelklassen zu integrieren und sie so am normalen Unterricht teilhaben zu lassen. Ferner können Sie so mit ihren deutschsprachigen Mitschülern kommunizieren. Bei einigen Schülerinnen und Schülern ist es notwendig, dass sie zunächst in der Zweitsprache alphabetisiert werden, da sie noch keinen Kontakt mit dem lateinischen Alphabet hatten. Dies ist auch eine Voraussetzung um Schriftsprache gelungen erwerben zu können, da Schriftsprache ebenso das Lesen voraussetzt. Hierbei lernen die Schülerinnen und Schüler wichtige Eigenschaften von Schrift kennen und entwickeln eine phonologische Bewusstheit und sind zudem in der Lage Laute und Buchstaben zu differenzieren. Der Ausbau einer phonologischen Bewusstheit ist insofern wichtig, da es den Lernenden ermöglicht, die Lautstruktur der gesprochenen Sprache zu erkennen. Im weiten Sinne heißt das, zum Beispiel, dass die Schüler in der Lage sind Reime zu erkennen, wohingegen phonologische Bewusstheit im engen Sinne die Fähigkeit und Fertigkeit meint, innerhalb von Wörtern einzelne Laute zu erkennen. Die verschiedenen Entwicklungsstufen machen deutlich, wie der Schriftspracherwerb oftmals abläuft. Dabei ist zu erkennen, dass diese Entwicklungsstufen aufeinander aufbauen. In der ersten logographischen Stufe können Schülerinnen und Schüler oder eben Kinder Wörter, die oft in Logos vorkommen, wiedererkennen und sogar schreiben. In der zweiten Phase wird ihnen die Aneinanderreihung einzelner Buchstaben bewusst. Auch wenn sie hierbei oftmals Rechtschreibfehler machen, können sie Wörter lautgetreu wiedergeben. In der letzten Stufe beherrschen Schülerinnen und Schüler das Lesen immer besser und können Struktureinheiten viel besser erfassen. Neben dem Wortschatz der mündlichen Sprache ist es wichtig, dass die Lernenden ebenso einen Wortschatz der schriftlichen

Sprache entwickeln. Oft wird zwischen Sprache der Distanz (schriftlich) und Sprache der Nähe (mündlich) unterschieden. Die Sprache der Nähe bietet oftmals die Basis für die Schriftlichkeit.

In Hessen wird es für den DaZ-Unterricht keine curricularen Vorgaben, weshalb oft schulintern ein Curriculum entwickelt wird und Lehrwerke vorgeschlagen werden, mit denen man arbeiten kann bzw. sollte. In anderen Bundesländern, wie Niedersachsen oder Berlin und Brandenburg, gibt es curriculare Vorgaben bzw. einen Leitfaden, wie man Deutsch als Zweitsprache unterrichten sollte. Bei der Methoden- und Themenauswahl sollte darauf geachtet werden, dass diese schüler- und alltagsorientiert sind, das steigert die Motivation am Lernen und hilft den Lernenden im Alltag weiter. Außerdem sollten die Schüler nicht über- oder unterfordert werden, da dies oft dazu beitragen kann, dass sie die Lust am Spracherwerb verlieren könnten.

Literaturverzeichnis

Ahrenholz, Bernt (2017): Erstsprache – Zweitsprache – Fremdsprache – Mehrsprachigkeit. In: Ulrich, Winfried (2017): Deutschunterricht in Theorie und Praxis (DTP): Handbuch zur Didaktik der deutschen Sprache und Literatur in elf Bänden. Bd. 9, 4. vollst. übearb. & erweit. Aufl. S.3-20, Baltmannsweiler: Schneider

Günther, Hartmut (1999): Die Sprache des Kindes und die Schrift der Erwachsenen In: Huber, Ludowika, Kegel, Gerd & Speck-Hamdan, Angelika (Hrsg.): Einblicke in den Schriftspracherwerb. Braunschweig: Westermann, S. 21-30.

Hoffmann, Reinhild; Weis, Ingrid (2011): Deutsch als Zweitsprache – alle Kinder lernen Deutsch. 1. Aufl., Berlin: Cornelsen.

Kniffka, Gabriele; Siebert-Ott, Gesa (2009): Deutsch als Zweitsprache. Lehren und lernen. 2. durchges. Aufl., Paderborn: Schöningh.

Schneider, Wolfgang (2017): Lesen und Schreiben lernen. Wie erobern Kinder die Schriftsprache?, Berlin: Springer VS.

Schründer-Lenzen, Agi (2013): Schriftspracherwerb. 4. völlig überarb. Aufl., Wiesbaden: Springer VS.

Seidl, Johanna; Rauscher, Genia; Himmelreich, Uschi (2018): Alphabetisierung in der Zweitsprache Deutsch., München: Bavaria-Druck.

Siebert-Ott, Gesa (2010): Die Zweitsprache. In: Barkowski, Hans; Krumm, Hans-Jürgen (Hrsg.): Fachlexikon. Deutsch als Fremd- und Zweitsprache. Tübingen: Francke.

Steinbrink, Claudia; Lachmann, Thomas (2014): Lese- Rechtschreib-störung. Grundlagen – Diagnostik – Intervention., Berlin/Heidelberg: Springer VS.

Internetquellen

Bildungsserver Rheinland-Pfalz (o. J.): „Schriftspracherwerb" auf Bildungsserver Rheinland-Pfalz.
URL: https://grundschule.bildung-rp.de/lernbereiche/deutsch/mediathek/materialien-zum-teilrahmenplan/schriftspracherwerb.html
Zugriff: 19.02.2018

Cornelsen Verlag (2019): „Alphabetisierung und Schriftspracherwerb. Herausforderungen kompetent meistern" auf Cornelsen.
URL: https://www.cornelsen.de/empfehlungen/daz-daf/ratgeber/alphabetisierung-und-schriftspracherwerb
Zugriff am: 17.02.2019

Dudenredaktion (o. J.): „Zweitsprache" auf Duden online.
URL: https://www.duden.de/node/763715/revisions/1715316/view
Zugriff am: 15.02.2019

Educalingo (o. J.): „Zweitsprache" auf educalingo.
URL: https://educalingo.com/de/dic-de/zweitsprache#worterbuch
Zugriff am: 15.02.2019

Niedersächsisches Kultusministerium (2016): Curriculare Vorgaben für den
Unterricht. Deutsch als Zweitsprache, Hannover: Niedersächsisches
Kultusministerium.
URL: http://db2.nibis.de/1db/cuvo/datei/cv-daz_2016.pdf
Zugriff am: 20.02.2019

Ritter, Prof. Dr. Michael (2015): „Didaktik & Methodik des DaZ" auf Uni-Halle.
URL: https://blogs.urz.uni-halle.de/forumdaz/files/2015/12/Didaktik-Methodik-des-
DaZ-Prof.-Ritter-Pr%C3%A4sentation.pdf
Zugriff am: 20.02.2019

Schröter, PD Dr. Hannes (2017): Deutsch als Zweitsprache und Alphabetisierung in
der Erwachsenenbildung, Köln: DIE.
URL: https://www.mercator-institut-
sprachfoerderung.de/fileadmin/Redaktion/PDF/Themenportal/Kick-
off_Hannes_Schroeter_-
_Deutsch_als_Zweitsprache_und_Alphabetisierung_in_der_Erwachsenenbildung.pdf
Zugriff am: 23.02.2019

Schulte-Bunert, Dr. Ellen (2014): Schriftspracherwerb in der Zweitsprache Deutsch.
URL: https://bildungsserver.berlin-
brandenburg.de/fileadmin/bbb/themen/sprachbildung/Durchgaengige_Sprachbildung
/Tagungen_Sprachbildung/alpha-tagung_2014/schulte-
bunert_schriftspracherwerb_in_der_zweitsprache_d.pdf
Zugriff am: 18.02.2019

Anhang

Methode 1:

Abbildung 1: © Alphabetisierung in der Zweitsprache Deutsch - S. 28

Methode 2:
Abbildung 2: © Alphabetisierung in der Zweitsprache Deutsch - S. 27

Methode 3:
Abbildung 3: © Alphabetisierung in der Zweitsprache Deutsch - S. 25